When I'm a SURGEON
ACTIVITY BOOK

DR SAMANTHA PILLAY

HARRY AVEIRA

SPOT THE DIFFERENCE

CONNECT THE DOTS

WORD SEARCH

U	S	C	A	L	P	E	L	V	O	B	Z
G	L	O	V	E	S	T	Q	N	V	J	Y
I	G	O	W	N	S	U	T	U	R	E	K
P	F	O	R	C	E	P	S	V	C	T	G
Y	Z	V	R	R	O	B	O	T	T	H	O
M	A	S	K	S	C	R	U	B	S	M	U
S	C	I	S	S	O	R	S	B	A	E	H
S	G	R	E	T	R	A	C	T	O	R	S

Find the following words in the puzzle.

MASK	ROBOT	GOWN	RETRACTORS
SCALPEL	SCISSORS	GLOVES	SUTURE
SCRUBS	FORCEPS		

COLOR BY NUMBER

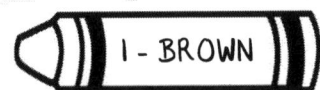 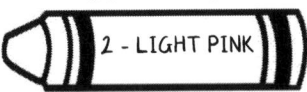 

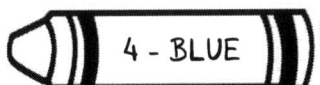  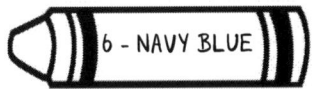

FILL IN THE BLANKS

Complete the words listed bellow by filling in the missing letters.

UR	BULA	URG	IENT
RGE	PERA	ARD	EMER
DOC	PITAL		

1. S _ _ _ E O N
2. _ _ _ T O R
3. N _ _ S E
4. P A T _ _ _ _
5. W _ _ _
6. O _ _ _ _ T I O N
7. H O S _ _ _ _ _
8. _ _ _ _ G E N C Y
9. A M _ _ _ N C E
10. S U _ _ _ R Y

CROSSWORD PUZZLE

Look at the numbers on the picture and write the name of the body parts in the crossword puzzle.

UNSCRAMBLE THE WORDS

Unscramble the letters to find the words from the list below.

SRTE _____

ECRRVOE _____

AHLE _____

CERU _____

LVEO _____

HGU _____

LHPE _____

WORDS TO FIND:

REST   HEAL   LOVE   HUG

HELP   CURE   RECOVER

MAZE

HELP THE SURGEON FIND HER WAY TO THE HOSPITAL.

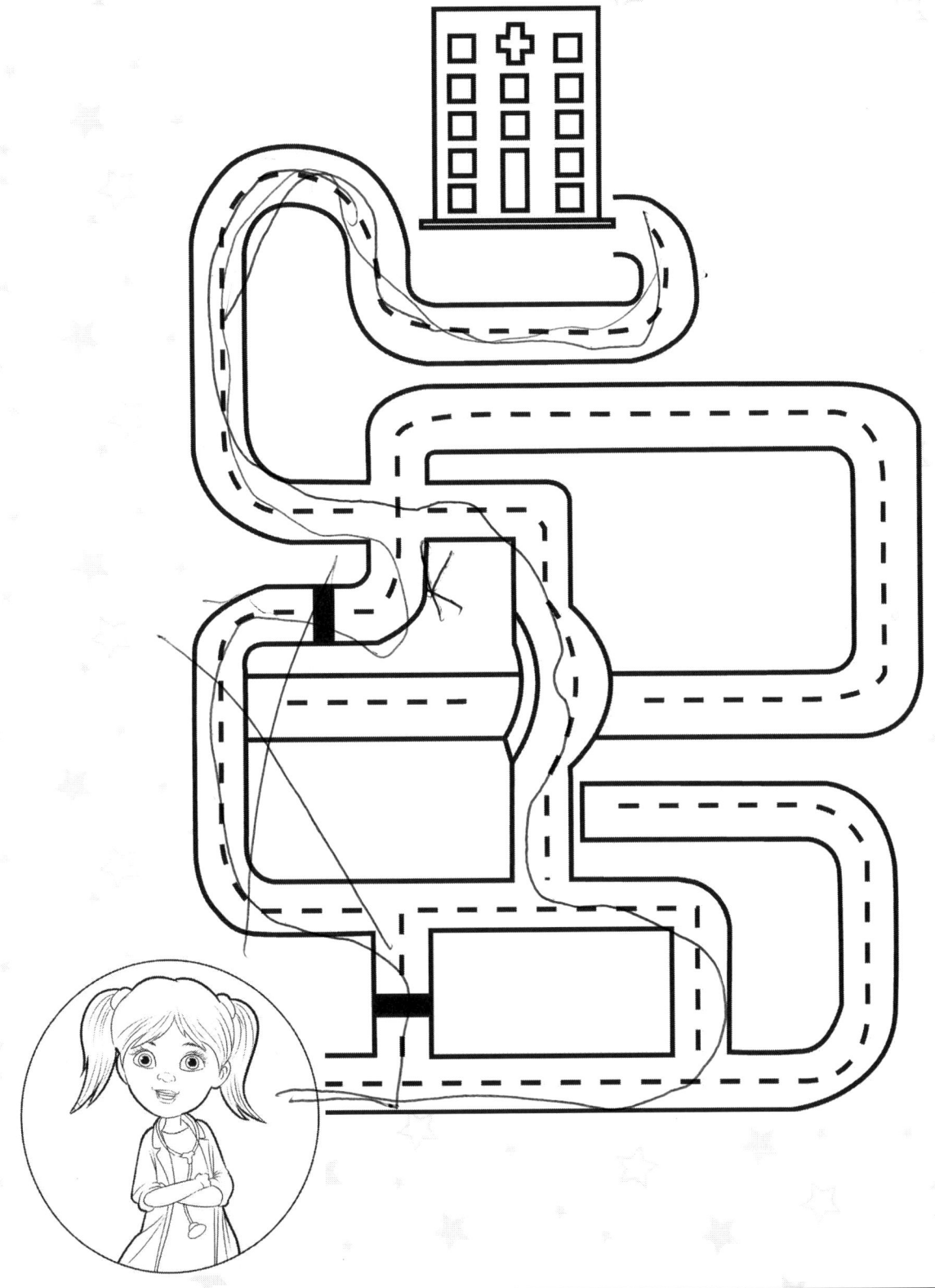

COLOR BY NUMBER

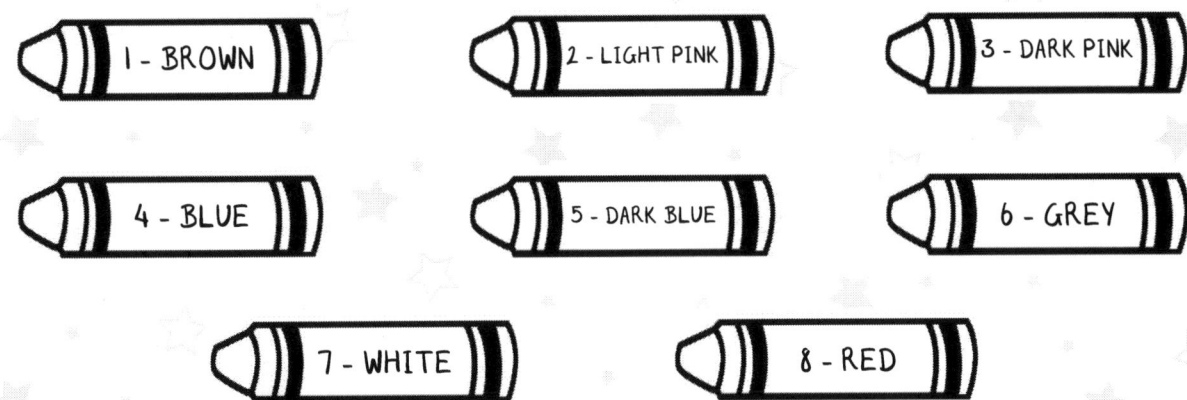

1 - BROWN
2 - LIGHT PINK
3 - DARK PINK
4 - BLUE
5 - DARK BLUE
6 - GREY
7 - WHITE
8 - RED

UNSCRAMBLE THE WORDS

Unscramble the letters to find the words from the list below.

RBNAI   Brain

RETAH   _____

NGULS   _____

SEYNKDI _____

INSK   _____

MCAHSOT _____

ILREV   _____

WORDS TO FIND:

LIVER   HEART   SKIN   STOMACH
BRAIN   LUNGS   KIDNEYS

CROSSWORD PUZZLE

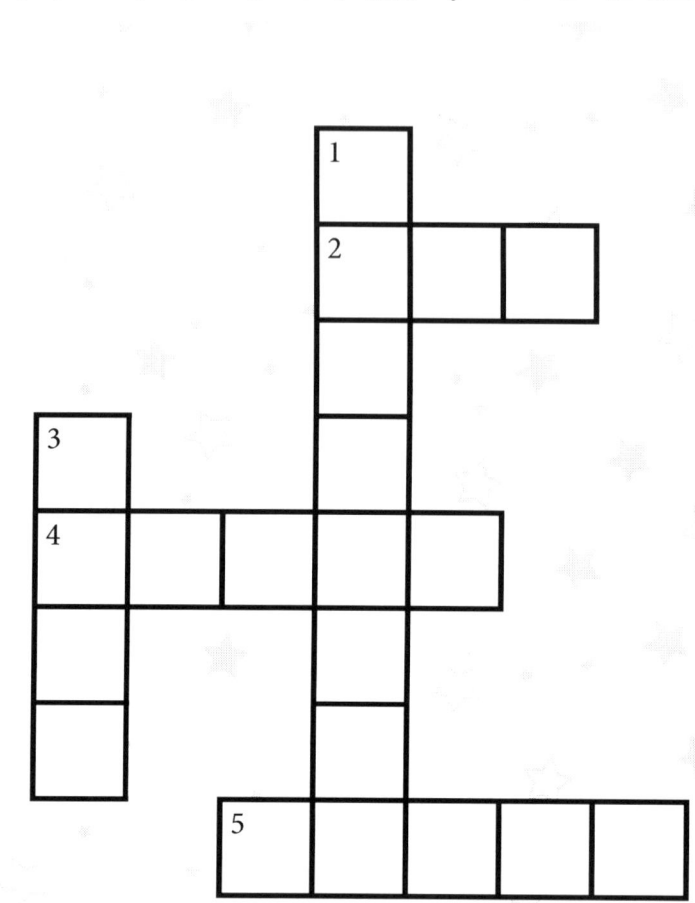

Across
2. The part on either side of the body between the waist and the thigh.
4. The joint between the leg and the foot
5. The joint between the arm and hand

Down
1. The part of the human body between the neck and the upper arm
3. A thin, thread-like strand that grows from the skin of humans and other mammals.

SPOT THE DIFFERENCE

MAZE

HELP THE CAT FIND THE MISSING CUPCAKE.

FILL IN THE BLANKS

Complete the words listed bellow by filling in the missing letters.

1. S _ _ _
2. H E A D _ _ _ _
3. F _ _ E R
4. C _ _ _ H
5. _ _ I N
6. V _ _ _ _ T
7. A _ _ _

| EV | OMI | PA | CHE |
| ICK | OUG | ACHE | |

23

WORD SEARCH

Q	W	O	A	C	Z	X	E	X	P	R	K	H	P	M	O	S	R
X	K	G	R	A	D	U	A	T	E	Q	U	S	L	H	Q	L	Q
H	I	M	B	B	L	H	M	E	J	J	N	Q	I	U	Y	D	J
P	J	E	I	B	U	R	R	V	F	P	I	D	L	O	L	N	U
X	K	I	E	E	D	V	L	E	O	R	V	L	E	O	E	Z	J
B	K	L	S	X	R	M	P	D	U	B	E	C	C	W	A	V	F
T	H	U	T	J	A	R	G	J	W	D	R	L	T	I	R	Z	S
Z	N	M	U	K	V	M	D	G	S	E	S	S	U	T	N	Z	N
E	H	N	D	J	F	B	G	R	V	V	I	R	R	I	I	F	I
O	P	U	Y	X	G	V	Y	X	A	I	T	Q	E	K	N	F	S
R	J	T	R	A	I	N	I	N	G	R	Y	M	L	T	G	O	W
L	M	X	N	X	H	D	W	S	Q	D	Q	F	B	D	G	K	B

Find the following words in the puzzle.

| EXAM | GRADUATE | LEARNING | STUDY |
| LECTURE | TRAINING | UNIVERSITY | |

SYMMETRY/DRAWING

Use the grid to draw the other side of the girl's face. Color it in when you have finished.

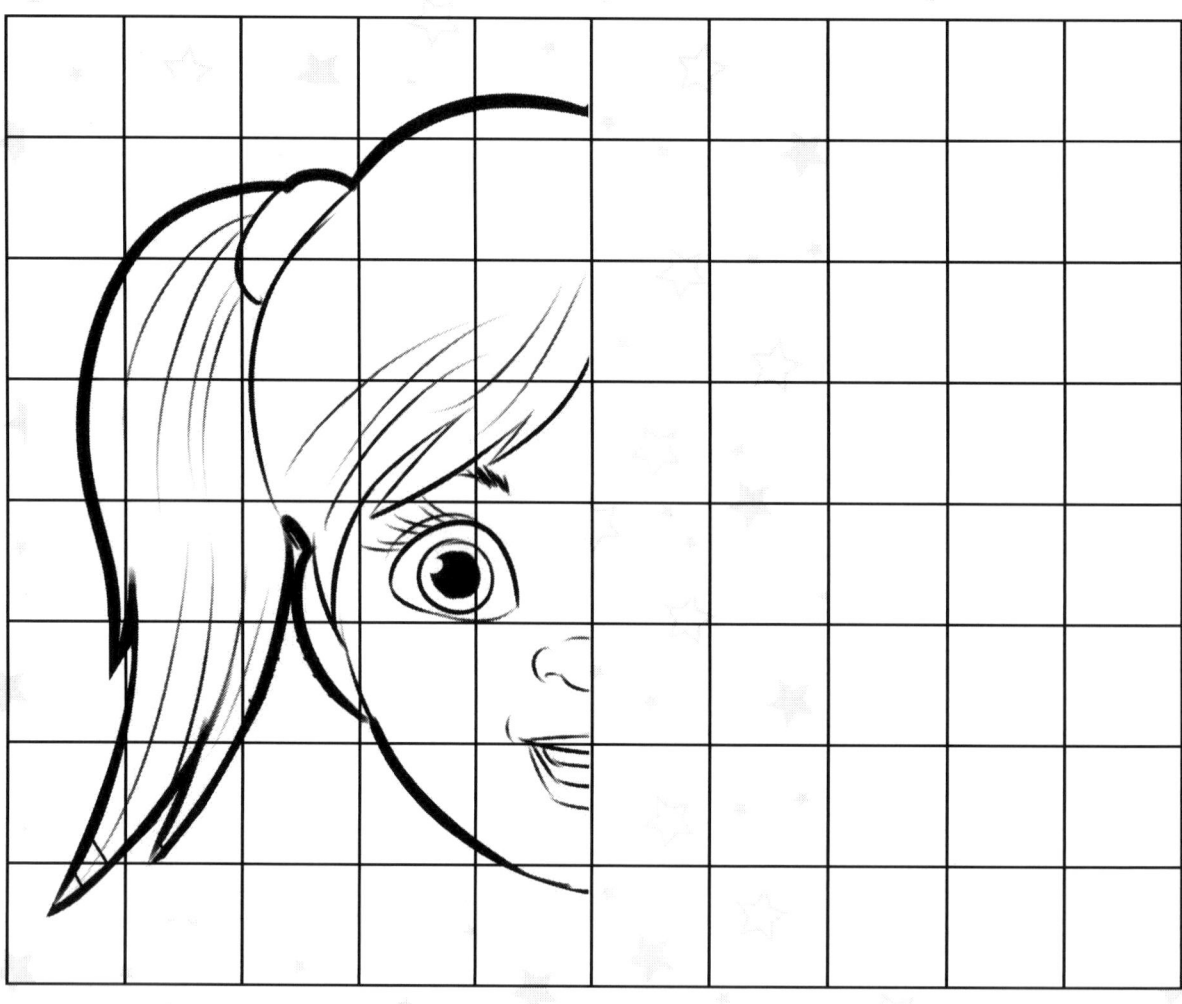

UNSCRAMBLE THE WORDS

Unscramble the letters to find the words from the list below.

EARC　　　　＿＿＿＿＿＿＿＿＿＿＿＿＿＿＿

AEDR　　　　＿＿＿＿＿＿＿＿＿＿＿＿＿＿＿

ETERNUOLV　＿＿＿＿＿＿＿＿＿＿＿＿＿＿＿

RAENL　　　＿＿＿＿＿＿＿＿＿＿＿＿＿＿＿

CAETH　　　＿＿＿＿＿＿＿＿＿＿＿＿＿＿＿

DALE　　　　＿＿＿＿＿＿＿＿＿＿＿＿＿＿＿

PHEL　　　　＿＿＿＿＿＿＿＿＿＿＿＿＿＿＿

WORDS TO FIND

LEAD　　TEACH　　READ　　LEARN

CARE　　HELP　　VOLUNTEER

COLOR BY NUMBER

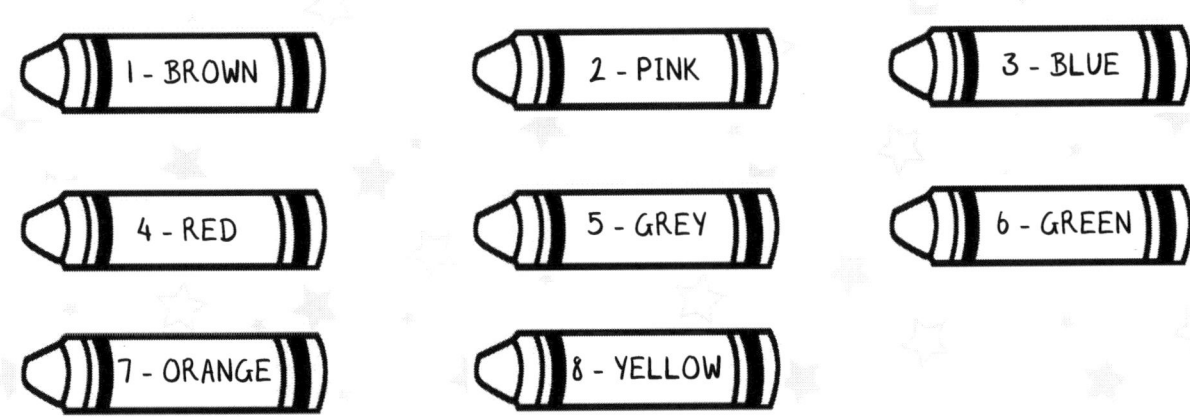

1 - BROWN
2 - PINK
3 - BLUE
4 - RED
5 - GREY
6 - GREEN
7 - ORANGE
8 - YELLOW

GIFTS WHEN YOU'RE SICK - WORD SEARCH

O	Y	R	U	D	M	B	H	N	V
C	S	X	F	L	O	W	E	R	S
G	U	D	R	J	E	L	L	O	H
E	G	A	G	C	T	W	R	R	H
M	K	E	N	M	T	E	D	D	Y
O	K	P	R	E	S	E	N	T	S
I	C	E	C	R	E	A	M	Z	S
L	J	G	J	V	X	V	B	C	O
S	E	T	A	L	O	C	O	H	C
I	I	F	D	W	G	W	L	M	W

Find the following words in the puzzle.

ICE-CREAM	JELLO	CHOCOLATES
PRESENTS	TEDDY	FLOWERS

CROSSWORD PUZZLE

Down:
1. a vessel that carries blood to the heart..
3. a point where two bones of the skeleton come together usually in a way that allows motion.
5. any of the fibers that carry messages to and from the brain and other parts of the body.

Across:
2. the hard tissue that forms the skeleton of a person or animal.
4. a cord or band of tough white tissue that connects a muscle with a bone or other body part.
5. any of the fibers that carry messages to and from the brain and other parts of the body.
6. a blood vessel that carries blood away from the heart.
7. tissue in the body of animals and humans that moves parts of the body.

SYMMETRY/DRAWING

Use the grid to draw the other side of the teddy bear's face. Color it in when you have finished.

34

FILL IN THE BLANKS

Complete the words listed bellow by filling in the missing letters.

1. C _ _ _ T

2. _ _ I N E

3. E L _ _ W

4. _ _ E E

5. A _ _ _ E

6. _ _ P

7. N _ _ _

ECK	SP	NKL
HI	KN	HES
BO		

UNSCRAMBLE THE WORDS

Unscramble the letters to find the words from the list below.

SYEE _____

OESN _____

ARES _____

HTMUO _____

UEGONT _____

SILSNOT _____

ETETH _____

ROAHTT _____

WORDS TO FIND

NOSE   MOUTH
EARS   EYES
TEETH   TONGUE
TONSILS   THROAT

WORD SEARCH

G	M	N	J	X	K	P	J	T	E	S	T	T	U	B	E	D	Z
Y	D	G	O	G	G	L	E	S	M	I	Z	U	Y	W	A	E	T
S	D	A	P	M	A	L	N	L	I	J	G	H	J	H	E	X	H
N	P	A	V	K	X	C	A	W	C	M	Y	P	K	Y	G	P	R
N	I	B	W	L	I	J	X	A	R	R	D	B	S	I	B	E	E
T	D	I	S	C	O	V	E	R	O	F	U	R	B	W	V	R	S
N	D	S	C	I	E	N	C	E	S	U	K	O	U	P	T	I	E
B	F	I	D	T	R	G	I	F	C	T	B	K	O	S	V	M	A
W	C	H	Q	L	X	T	O	I	O	A	G	E	V	T	O	E	R
N	N	S	A	V	L	E	S	J	P	I	N	V	E	N	T	N	C
T	F	Q	T	F	P	O	U	V	E	I	M	G	F	R	G	T	H
N	W	D	O	L	T	M	P	C	R	M	V	V	V	R	C	K	D

Find the following words in the puzzle.

DISCOVER	EXPERIMENT	GOGGLES
MICROSOPE	RESEARCH	SCIENCE
INVENT	TEST TUBE	

MAZE

HELP THE LITTLE BOY FIND HIS CAT

WORD SEARCH

S	T	E	T	H	O	S	C	O	P	E	B
Q	S	K	P	N	K	R	O	P	D	M	A
T	H	E	R	M	O	M	E	T	E	R	N
F	L	Z	H	R	Q	K	Q	B	L	S	D
N	R	D	R	E	S	S	I	N	G	Y	A
T	G	K	T	A	B	L	E	T	S	O	G
J	F	Z	B	I	A	A	E	Q	E	G	E
W	M	E	D	I	C	I	N	E	L	X	I

Find the following words in the puzzle.

BANDAGE	DRESSING	MEDICINE
STETHOSCOPE	THERMOMETER	TABLETS

FILL IN THE BLANKS

Complete the words listed bellow by filling in the missing letters.

1. S C _ _ _ _
2. M _ _ _
3. G _ _ _
4. _ _ _ P E L
5. S U _ _ _ _
6. _ _ _ _ S O R S
7. R _ _ _ T
8. G _ _ _ _ S

| RUBS | ASK | OWN | SCAL |
| TURE | SCIS | OBO | LOVE |

WRITE OR DRAW

What I want to be when I grow up.

For parents and guardians:
#whenimasurgeon
your social media posts of your favorite
'When I'm a Surgeon' book reading, activities or dress-ups.

ANSWER KEYS

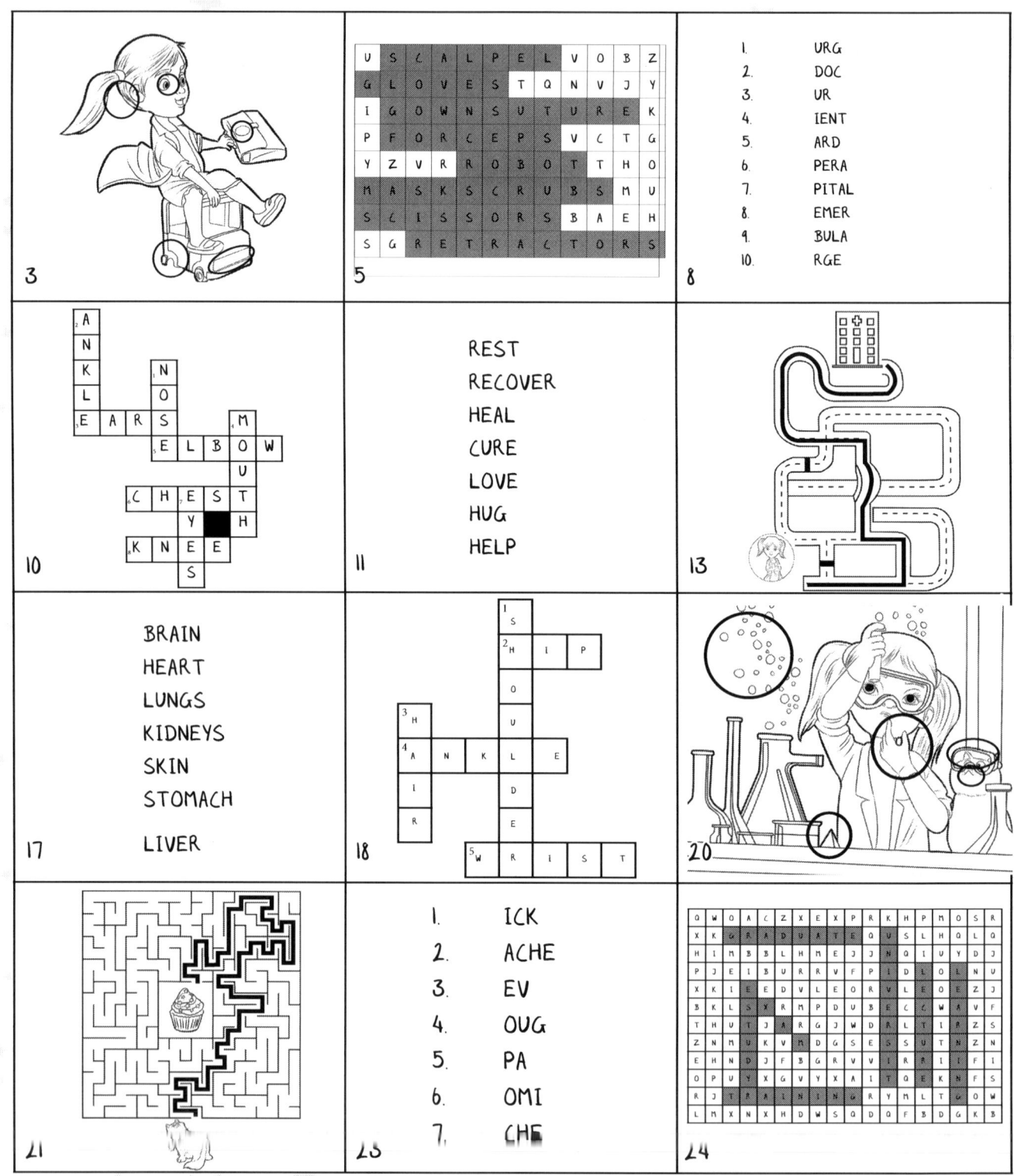

ANSWER KEYS

27
CARE
READ
VOLUNTEER
LEARN
TEACH
LEAD
HELP

31 (word search: FLOWERS, JELLO, TEDDY, PRESENTS, ICECREAM, CHOCOLATE)

32 (crossword)
1. V
2. BONE
3. J
4. TENDON
5. NERVE
6. ARTERY
7. MUSCLE
(VEIN, JOINT)

35
1. HES
2. SP
3. BO
4. KN
5. NKL
6. HI
7. ECK

37
EYES
NOSE
EARS
MOUTH
TONGUE
TONSILS
TEETH
THROAT

38 (word search: GOGGLES, TEST TUBE, DISCOVER, SCIENCE, INVENT)

40 (maze solution)

42 (word search: STETHOSCOPE, THERMOMETER, DRESSING, TABLETS, MEDICINE)

43
1. RUBS
2. ASKS
3. OWN
4. SCAL
5. TURE
6. SCIS
7. OBO
8. LOVE

Made in the USA
Las Vegas, NV
23 June 2023